I0491766

Les secrets de la loi de l'Attraction révélés :

50 exercices d'auto-coaching pour l'activer

Nolan Santos

Introduction

Quand certains individus échouent tout ce qu'ils entreprennent d'autres parviennent au contraire à tout réussir.

Suscitant envie et parfois jalousie, ces personnes aux succès multiples donnent l'impression que tout ce qu'elles entreprennent est aisé.

Pourtant il y a bien une chose qui distingue les personnes chanceuses qui réussissent tout des autres qui se sentent malchanceuses. Il s'agit de leur état d'esprit.

Une personne qui réussit tout n'est pas plus chanceuse que les autres.

S'il est vrai que ces personnes ont à un moment donné été chanceuses, elles ont aussi rencontré des moments difficiles au cours de leur existence. Que ce soit au niveau professionnel, familial ou au niveau de la santé, ces personnes ont toutes à un moment ou un autre connu des épreuves et des obstacles.

Ce qui fait la différence entre ces personnes et les autres réside dans leur pouvoir personnel à changer le cours des événements.

S'il n'est pas possible de toujours changer l'environnement dans lequel on évolue, il est en revanche tout à fait possible de modifier la façon dont on réagit face aux événements qui se produisent dans nos vies. C'est bel et bien notre façon d'appréhender les événements par les décisions que nous sommes amenés à prendre qui déterminent nos succès ou nos échecs.

Nous avons tous été conditionnés depuis notre enfance. Que ce soient par nos parents ou par l'école, nous avons été conditionnés à penser et à réagir avec des automatismes qui perdurent à l'âge adulte. Certains individus ont appris par leur éducation à persévérer, à ne jamais renoncer quand d'autres ont appris à baisser les bras et à accepter la fatalité.

Notre aptitude à persévérer face aux obstacles est la clé de notre pouvoir personnel. La clé du succès réside donc dans le fait de ne pas renoncer.

Le fait de ne pas renoncer face aux obstacles en continuant à visualiser de manière positive le résultat que nous souhaitons atteindre nous permet d'anticiper le succès, de se préparer mentalement à l'organiser en prenant peu à peu les bonnes décisions.

Le but de cet ouvrage est de vous reconditionner mentalement en éliminant les schémas négatifs ancrés en vous depuis l'enfance pour vous aider à atteindre vous aussi vos buts.

50 exercices à réaliser chez vous vous permettront d'activer la loi de l'attraction.

1-Apprendre de l'échec

Quoi qu'il arrive dans leur vie, les personnes qui rencontrent des obstacles sont capables d'en tirer une leçon.

Malgré les échecs, les erreurs, les retards les personnes qui utilisent la loi de l'Attraction sont capable de voir dans une situation une opportunité de grandir et de s'améliorer.
Ces personnes ne se laissent pas abattre.
Lorsqu'un résultat est mitigé elles savent en tirer une leçon en analysant ce qui fonctionne et ce qui fonctionne moins.

Un business qui fonctionne moyennement sera analysé de manière à observer ce qui fonctionne et ce qui fonctionne moins. Nombreux sont les entrepreneurs à succès qui ont multiplié les échecs avant de connaitre le succès.

Exercice :

-Je note un ou plusieurs échecs rencontrés dans ma vie. Au lieu de me concentrer sur l'aspect négatif de l'échec je mets en évidence ce que cela m'a permis d'apprendre (nouvelles compétences,

en connaitre plus sur soi-même, connaitre ses
limites...) :

....

....

....

....

....

....

....

....

....

....

....

....

....

....

....

....

....

....

....

....

....

....

....

La visualisation positive consiste à se projeter mentalement dans le succès en s'imaginant réussir le projet qui nous tient à cœur.

Une personne dont le but est de de réussir ses projets coûte que coûte va se projeter mentalement dans son succès sans se soucier de ce que pensent les autres.

L'image de succès de cette personne est son image. Quoi qu'il puisse se passer dans le monde, quoi que son environnement puisse en dire, l'image que la personne qui réussit tout s'est forgée ne peut pas être modifiée.

Une personne qui réussit tout se construit une image de son succès en le vivant mentalement avant même que celui-ci n'arrive. Rien de ce qui pourra lui être dit ou fait pour tenter de la décourager n'aura de prise sur cette image.

Le cerveau des personnes qui réussissent est conditionné de façon à percevoir les sensations positives liées au succès. Elles anticipent leur succès en anticipant les réactions positives qui y sont liées.

De cette façon tout ce qu'elles feront au quotidien sera orienté de façon à s'approcher de leur but.

Exercice :

-J'inspire et j'expire profondément 5 fois en fermant les yeux. Peu à peu, l'image de mon succès se projette dans mon esprit m'apportant un sentiment bien-être et de plénitude. Je renouvelle cet exercice de visualisation positive chaque jour.

-Je note les bienfaits que l'exercice me procure :

....

....

....

....

....

....

....

....

....

....

....

....

....

....

Nos pensées et nos croyances, positives ou négatives influencent directement notre vie.

Les affirmations positives possèdent le pouvoir de stimuler et renforcer notre sentiment de bien-être et l'image positive que nous avons de nous-même.

En utilisant chaque jour les affirmations positives vous utiliserez à votre avantage le pouvoir de l'autosuggestion. Vos pensées positives deviendront des mots qui à leur tour deviendront des actions.

Les neurosciences ont prouvé que nos pensées peuvent changer la structure et les fonctions de notre cerveau. Nous avons donc le pouvoir par nos pensées de stimuler l'équilibre chimique de notre cerveau ce qui nous permettra par là-même de prendre les bonnes décisions au bon moment.

En pratiquant l'affirmation positive quotidiennement, nous pouvons donc remodeler notre cerveau en y inscrivant profondément un système de pensées positives.

Quelque soit la nature de votre projet ou de vos buts dans la vie choisissez un ou plusieurs mantras que vous répéterez tous les jours pendant trois mois:

-Je laisse une lumière intérieure diffuser succès et bonheur au plus profond de mon être.

-Je diffuse amour et paix en pleine conscience jour après jour.

-Je crois en ma capacité à apporter ma contribution au monde.

-J'attire le succès et les opportunités dans ma vie.

-J'attire les personnes positives et bienveillantes dans ma vie.

Au bout d'un mois constatez le changement qui a commencé à se produire en vous et continuez à répéter des affirmations positives régulièrement à haute voix quand vous en ressentez le besoin.

Noter les bienfaits constatés :

....

....

....

....

Quoi qu'il puisse se passer dans votre vie, le fait de toujours garder en tête vos objectifs vous apportera une énergie forte et la volonté d'avancer.

Cela signifie que si vous rencontrez des difficultés techniques, financières ou de nature relationnelle avec une personne qui tente de vous décourager, vous ne devez jamais perdre de vue vos objectifs.

Même si vous pouvez être amené à devoir mettre vos projets temporairement de côté, le fait de les garder bien vivants dans votre esprit vous permettra de garder la flamme d'énergie nécessaire à leur réalisation.

Pour cela, vous devrez continuer à vous garder informé sur le sujet qui vous intéresse.

Continuer à lire des articles, des ouvrages spécialisés, à rester curieux sur ce que les autres font vous permettra de ne pas vous déconnecter de vos buts.

Exercice :

-Découper des images dans des journaux et des magazines en lien avec vos objectifs de vie. Collez ces images dans un cahier d'images.

Exemple : si votre rêve est de devenir un blogger à succès générant de gros profits avec lesquels vous pourrez vous offrir des voyages au soleil ou une superbe villa avec piscine alors vous devrez coller sur une feuille toutes les images permettant de mettre des images sur vos rêves.

Vos rêves ne seront alors plus simplement des rêves mais des buts. Le pouvoir des images est très puissant celles-ci s'inscrivant au plus profond de notre cerveau.

Quoi qu'il puisse se passer dans votre vie, le fait de matérialiser vos souhaits les plus profonds vous aidera à garder l'énergie nécessaire pour les atteindre.

Vos pensées, vos décisions, vos actions s'organiseront naturellement de façon à atteindre vos buts.

Je décris les bienfaits de l'exercice dans l'immédiat en dans la durée après plusieurs mois:

....
....
....
....
....
....
....
....
....
....
....
....
....
....
....
....
....
....
....
....
....
....
....

5-Un pas après l'autre

C'est en faisant preuve de persévérance et de régularité dans chacune de ses actions qu'il est possible d'aller de l'avant.

Le fait d'accomplir régulièrement de petites tâches en lien avec votre projet vous aidera à le faire avancer.

Si vous souhaitez rénover une maison tout en travaillant, c'est le fait de vous consacrer chaque jour à une tâche précise aussi minime soit-elle qui vous fera avancer.

Si vous souhaitez vous former seul à une discipline ou à l'apprentissage d'une langue vous pourrez vous fixer des micro-objectifs chaque jour comme l'apprentissage d'un certain nombre de mots de vocabulaire, lire des ouvrages dédiés au sujet qui vous intéresse.

Le fait de réaliser une action même les jours où vous ne pouvez pas libérer beaucoup de temps vous aidera à entretenir une énergie positive et constructrice.

Garder le lien avec son projet en apportant chaque jour une pierre nouvelle à l'édifice est bel et bien la clé pour atteindre le succès et activer la loi de l'attraction.

Exercice :

Dans un agenda papier ou dans un agenda électronique établissez un planning des actions que vous pouvez effectuer chaque semaine pour avancer sur votre projet.

Au fur et à mesure que vous accomplirez des tâches vous ressentirez un sentiment profond de satisfaction qui vous aidera à avancer pas à pas vers la réalisation de votre projet.

Décrire le sentiment de satisfaction ressenti :

....
....
....
....
....
....
....
....
....
....
....

6-Ecrire ses objectifs

En écrivant noir sur blanc vos objectifs, vous les associerez au remodelage de votre cerveau.

Le fait de noter vos objectifs est une manière de commencer à leur donner vie.

Ainsi en prenant le temps de rédiger un texte précis sur la nature de vos objectifs et pourquoi cela est important pour vous de les atteindre, vous activerez le mécanisme de la loi de l'Attraction.

Exercice :

-Je rédige à la main sur une feuille de papier ou dans un cahier mes objectifs.

-Nom de mon objectif/projet : (ex : quitter mon emploi salarié pour créer mon entreprise).

Exemple : Je souhaite quitter mon emploi salarié pour créer une entreprise dans le secteur de l'économie solidaire qui contribuera à rendre le monde plus juste et équitable.

-Pourquoi mon objectif est important pour moi ?

Exemple : Je souhaite exercer un travail en pleine conscience en accord à mes valeurs de partage et d'entraide qui sont essentielles à mes yeux.

-Quelles sont les étapes à accomplir pour y parvenir ?

-Comment je compte m'y prendre ?

-Qui peut m'aider ?

-Qui peut m'apporter des conseils ?

-Qui peut me server de modèle ?

....
....
....
....
....
....
....
....
....
....
....
....
....
....
....

Maintenant que vous avez rédigé votre objectif, écrivez une phrase ou deux que vous apprendrez par cœur.

Récitez ce texte chaque fois que vous en ressentez le besoin telle une incantation de magie ou une prière capable de changer votre vie.

Les mots ont le pouvoir puissant de se transformer en actions dès lors que l'on croit fortement en ce que l'on dit.

Exercice :

-Je rédige quelques phrases décrivant mon succès tel que je l'imagine puis je les apprends par cœur.

Exemple :

-Je suis une personne avec des talents uniques que je vais mettre à profit en créant une entreprise rentable qui me mettra à l'abris du besoin.

Ou

-J'apprends chaque jour de nouvelles compétences pour qu'elles me mènent vers le succès. Grâce à mes efforts je m'offrirai la maison de mes rêves.

....
....
....
....
....
....
....
....
....
....
....
....
....
....
....
....
....
....
....
....
....

Qui peut se vanter d'avoir toujours tout réussi sans jamais connaître d'échec ou de frustration ?

La réponse est simple : personne. Toutes les personnes qui connaissent le succès ont un jour connu des échecs. La seule différence entre ces personnes et celles qui considèrent qu'elles ne sont pas chanceuses est la capacité des premières à persévérer. Les personnes qui connaissent le succès ont su persévérer sans renoncer.

Ces personnes ont su être indulgentes envers elles-mêmes acceptant leurs échecs, en les analysant pour en tirer une leçon afin de continuer à progresser.

Les personnes qui connaissent le succès gardent les yeux rivés vers l'avenir en considérant que si elles changent leur stratégie, leur approche d'une situation, les choses s'amélioreront pour elles.

Ces personnes ne restent pas ruminer sur leurs échecs passés. Les échecs du passé ne doivent en aucun cas peser sur votre capacité à prendre des décisions.

Les échecs du passé ne doivent pas vous bloquer et vous empêcher d'avancer.

Il faut vous accepter les échecs de votre passé en réalisant que vous n'êtes pas une personne qui a échoué mais une personne qui a tenté quelque chose.

Certes vous n'êtes peut-être pas parvenu à concrétiser votre projet de la manière dont vous le souhaitiez mais vous avez le mérite d'avoir initié un projet en étant porteur d'une énergie créatrice.

Vous devez vous pardonnez votre échec afin de pouvoir continuer à avancer afin de pouvoir mobiliser à nouveau cette énergie créatrice nécessaire au démarrage et à la réalisation de tout nouveau projet.

Exercice :

1-Je note un ou plusieurs échecs qui me font souffrir :

2-Pourquoi en ai-je souffert et est-ce que j'en souffre encore aujourd'hui ?

3-Je rédige ma lettre de pardon à moi-même à la main sur une feuille de papier.

<u>Exemple que vous pouvez adapter à votre situation :</u>

« Moi qui ai essayé de concrétiser ce projet mais qui ai échoué, je me pardonne pour cet échec afin de pouvoir continuer à avancer.

Nul n'est tenu de tout réussir du premier coup. Je cesse d'être rude envers moi-même à compter de ce jour pour libérer à nouveau l'énergie créatrice qui est en moi.

Je me pardonne et je regarde à nouveau vers l'avenir avec optimisme et volonté. »

4-Dans un endroit qui me procure de la sérénité (un jardin, un parc, en bord de mer...) je brûle ma lettre de pardon dans un récipient. Une fois les cendres refroidies, je les disperse.

....
....
....

....
....
....
....
....
....
....
....
....
....
....
....
....
....
....
....
....
....
....
....
....
....
....
....
....
....

Maintenant que vous avez défini ce que vous souhaitez, il est temps de croire en la force de l'énergie créatrice pour attirer à vous le succès que cette force permet.

Le fait de dire quotidiennement le texte définissant votre projet, de le penser encore et encore permettra de transformer vos pensées en mots, vos mots en actions.

L'activation de la loi de l'Attraction passe par votre capacité à croire en la puissance de votre mantra.

Les mots que vous avez rédigés afin de vous projeter dans votre succès possèdent la capacité de faire changer vos schémas de pensée et par là-même votre capacité à prendre des décisions bénéfiques.

La puissance des mots est immense. Ils possèdent la capacité de modifier vos comportements et les comportements des personnes que vous rencontrez dans votre vie.

S'approprier les mots qui définissent votre succès vous permettra de les porter en vous telles une prière divine.

<u>Exercice :</u>

Chaque jour je prends quelques minutes avant de me coucher pour penser aux mots qui définissent mon succès.

Je les récite à voix haute telle une prière que je récite.

J'affirme à la fin que je crois fermement en la manifestation de mon projet.

Au bout de 30 jours, je note les changements qui se sont opérés en moi.

....

....

....

....

....

....

....

....

....

....

....

....

....

....

Votre mantra contenant votre objectif est ce que l'on appelle votre vision.

Vous devez garder à l'esprit que cette vision vous appartient en exclusivité.

Cela signifie que nulle autre personne que vous ne doit pouvoir s'approprier cette vision au risque d'avoir d'une emprise négative sur vous.

La vision que vous avez pris le temps de créer, d'organiser et de travailler cur chaque jour pour remodeler votre cerveau de façon à vous projeter avec succès dans votre futur ne doit pas être détruite par des personnes négatives, jalouses, critiques.

Même les personnes qui vous aiment peuvent s'approprier votre vision en la critiquant, en la rabaissant pour tenter de vous décourager pour votre bien.

Il importe de réaliser que votre vision est personnelle et unique. Elle n'appartient qu'à vous et à personne d'autre.

La pleine possession de sa vision consister à ignorer les commentaires qui peuvent être faits.

Vous serez amené à croiser malgré vous des personnes que votre vision dérange.

Afin de vous prémunir des effets dévastateurs des mots prononcés par autrui visant à juger votre vision, vous devez activer une phrase de libération émotionnelle qui permettra à votre cerveau de se protéger des effets dévastateurs qu'autrui peut avoir sur vous.

Exercice :

Je rédige une « phrase antidote » qui agira chaque fois que vous la prononcerez comme une prière de protection de votre vision.

« La vision de mon succès est mienne et n'appartient à personne d'autre. Par ces mots je m'envoie une énergie purificatrice qui protège mon objectif et le chemin que j'ai parcouru jusqu'à maintenant pour y parvenir. Nul ne possède le pouvoir de me décourager. Ma volonté est plus forte que tout. »

....

....

....

....

11-Activer le pouvoir de la gratitude

La gratitude consiste à être reconnaissant pour ce que l'on a ou ce que l'on peut recevoir que ce soit au niveau matériel ou au niveau du soutien, des conseils positifs qui peuvent nous aider à avancer.

Le fait de dire merci et d'être reconnaissant rend heureux.

Les neurosciences ont prouvé que les personnes qui manifestent de la gratitude sont plus heureuses que celles qui ne la pratiquent jamais.

Comment activer le pouvoir de la gratitude pour qu'elle contribue à activer la loi de l'Attraction ?

Une personne qui est reconnaissante pour ce qu'elle reçoit augmente sa capacité à recevoir ce que la vie a de bon à offrir.

Cela aide aussi à relativiser les obstacles.

Exercice :

Je cite 5 choses pour lesquelles je suis reconnaissant(e) (avoir de bons amis, avoir une bonne santé, avoir une passion...) :

1-..

2-..

3-..

4-..

5-..

Notes :

....
....
....
....
....
....
....
....
....
....
....
....
....
....
....
....
....
....

Un des principes fondamentaux de la loi de l'Attraction est de se fier uniquement à ce que vous dicte votre intuition.

L'instinct humain nous donne de précieuses indications sur le chemin que nous devons emprunter ou au contraire éviter.

Ainsi lorsque votre petite voix intérieure vous dit que c'est le bon moment pour agir ou qu'une personne semble peu fiable, vous devez l'écoutez.

Pourquoi écouter son intuition ?

L'intuition est l'ensemble des facteurs qui vous permettent de vous faire une opinion sur quelque chose ou sur quelqu'un et tout cela de manière inconsciente.

Sans savoir pourquoi, vous ressentez parfois une attraction ou au contraire une aversion pour certaines choses. Il ne faut pas chercher à lutter contre cette intuition mais au contraire l'intérioriser, l'accepter et l'inviter à grandir.

Exercice

Je développe mon intuition

1-Choisir des personnes au hasard dans la rue et observez les. Décrivez ce qu'elles évoquent en vous (sentiment de confiance, de méfiance, sont-elles sympathiques ? sont-elles heureuses ou malheureuses ? sont-elles charismatiques ?)

2-Si je fais un rêve je le note immédiatement à mon réveil. Les rêves sont une porte sur l'inconscient qui envoient parfois de précieux conseils sur la démarche à suivre.

....

....

....

....

....

....

....

....

....

....

....

....

....

....

....

....

....

....

....

....

....

....

....

....

....

....

....

....

....

....

....

....

....

....

....

....

....

....

....

Connaitre ses envies, ce que vous avez envie de faire de votre vie est essentiel pour mobiliser l'énergie nécessaire à l'activation de la loi de l'Attraction.

Il est important de prendre conscience des choses que vous avez envie de réaliser dans votre vie pour qu'elles puissent vous motiver à réaliser vos projets.

Si votre envie est d'avoir une maison remplie d'enfants vous mobiliserez votre énergie en vue de rencontrer la personne qui vous permettra de réaliser votre but.

Vous devez garder une vision claire entière et sans compromis de ce que vous souhaitez réaliser dans votre vie.

Exercice :

1-Je fais la liste de toutes mes envies. Quelles sont les 5 choses que je souhaite réaliser au cours de ma vie ? (Avoir une maison, avoir un business rentable que j'aime, faire un voyage dans un endroit particulier, avoir un animal de compagnie précis...).

2-Pourquoi ne les ai-je pas encore réalisées ?

3-De quoi ai-je besoin pour y parvenir ?

....

....

....

....

....

....

....

....

....

....

....

....

....

....

....

....

....

....

....

....

....

L'activation de la loi de l'attraction passe aussi par le changement du comportement au quotidien.

Une fois que vous avez clairement établi l'objectif que vous souhaitez atteindre et la vie que cela vous permettra d'avoir, gardez bien cette image en tête.

C'est cette image de réussite qui ancrée au plus profond de vous va vous aider au quotidien à changer votre comportement. En vous appropriant pleinement l'image de vie future en train de savourer pleinement votre réussite, vous commencerez à vivre ce succès dans le présent.

En commençant à savourer les bienfaits de cette réussite sur votre vie, vous allez inconsciemment commencer à agir comme si cela était une réalité.

Il n'est pas question de commencer à vivre au-dessus de ses moyens mais de se comporter comme la personne que vous voyez réussir dans votre futur.

Si cette personne que vous voyez dans votre futur est sportive, qu'elle prend soin de son apparence, qu'elle est aimable avec les autres vous pouvez commencer à être cette personne dès à présent.

L'addition de changements comportementaux permettra d'initier des automatismes vous guidant vers votre succès. Nous sommes ce que nous pensons mais nous sommes aussi ce que nous faisons.

Nul besoin de dépenser de l'argent pour y parvenir. Une apparence soignée, une bonne santé ne passent pas forcément par un gros budget.

Vous allez créer ce que l'on appelle des automatismes. Jour après jour vous parviendrez à mobiliser l'énergie nécessaire à la prise de décisions et d'initiatives qui changeront votre vie.

Exercice :

Je visualise mentalement mon succès dans le futur tel que je l'imagine et j'identifie les changements que je peux opérer dès aujourd'hui (une tenue soignée, une bonne hygiène de vie, une bonne élocution, une amélioration de ma grammaire/orthographe...) :

Le fait d'apporter des changements significatifs dans sa vie prend du temps.

Identifier ses objectifs et la vie que l'on souhaite avoir, se visualiser dans son succès, adopter de nouveau comportements prend du temps.

Le succès est la conséquence d'un travail de patience et persévérance. La persévérance dans le temps est une des clés fondamentales de la loi de l'Attraction.

Toute personne qui a réussi a su persévérer et apprendre à attendre que les résultats de ses actions se manifestent. Ces personnes étaient convaincues qu'elles réussiraient. Elles ont su attendre pour que leurs projets se manifestent en temps et en heure car elles savaient que ce moment viendrait.

Exercice :

-Quand est-ce que je me sens impatient(e) ?

-Qu'est ou qui a occasionné cette impatience ?

-Quels sont les sentiments qui en résultent ?
(Colère, frustration, découragement…).

En prenant conscience des effets de votre
impatience sur votre humeur et votre état esprit
global vous réaliserez quelles sont les
circonstances extérieures qui causent cette
impatience en vous. Vous parviendrez peu à peu
apprendre à l'identifier et à la contrôler.

-J'utilise la pleine conscience pour me débarrasser
de mon impatience :

1-Prenez quelques respirations profondes et
essayez de vider votre esprit.

2-Concentrez-vous là-dessus jusqu'à ce que vous
soyez en mesure de ne plus ressentir de colère.

....
....
....
....
....
....
....
....
....
....
....

....
....
....
....
....
....
....
....
....
....
....
....
....
....
....
....
....
....
....
....
....
....
....
....
....
....

Certaines personnes n'aiment pas de demander de l'aide ou déléguer certaines tâches.

Pour activer la loi de l'Attraction et mettre en action tous ses mécanismes qui permettront d'attirer le succès dans votre vie, il faut accepter l'idée de recevoir de l'aide.

Toute énergie positive d'autrui visant à vous aider est une énergie à accepter. Il n'y a pas de petite aide. Toute aide est bonne à recevoir.

Si une aide vous est apportée pour vous aider à gagner du temps il faut l'accepter.

Si un conjoint vous propose de vous aider à réaliser des tâches ménagères ou à faire les courses, il faut accepter cette aide. Si une personne travaillant dans le secteur que vous convoitez vous donne des conseils ou une mini formation, il faut accepter cette aide.

Il faut bien entendu se montrer reconnaissant en remerciant la personne qui vous apporte son aide en toute sincérité.

Plus vous libérerez de temps libre, plus vous pourrez mobiliser votre énergie créatrice pour la mettre au service de votre objectif.

Exercice :

-Je délègue au moins deux tâches par semaine à des membres de ma famille ou dans mon environnement professionnel.

-Je note les changements que cela apporte dans mon quotidien (gain de temps, moins de fatigue, augmentation du sentiment de bien-être…).

....

....

....

....

....

....

....

....

....

....

....

....

....

L'humain est ainsi fait. Une fois qu'il s'habitue à un mode de vie, à un travail il est tenté de vivre sans faire d'efforts pour continuer à se former.

Or, pour active la loi de l'Attraction avec succès il n'y a pas de place pour l'approximation ou l'à peu près.

Le succès est la conséquence d'actions initiées par des personnes qui ont pris la peine de se renseigner et de tout connaitre sur leur objectif.

Il faut vous former en lisant tous les articles, les ouvrages, en regardant des podcasts ou des vidéos traitant de votre sujet de prédilection.

C'est en devenant un expert dans votre domaine que vous atteindrez la réussite.

Il peut être avantageux selon chaque situation de suivre une formation mais pas forcément.

Une personne autodidacte peut se former seule en acquérant toutes les informations nécessaires à la réalisation de son rêve.

Exercice :

-Quelles sont les compétences que mon objectif de vie implique d'acquérir ? (Finance, gestion, bonnes manières...).

-De quelle façon est-ce que je peux acquérir les connaissances dont j'ai besoin ? (Ouvrages à lire, formations en e-learning, formations dans une école...).

....
....
....
....
....
....
....
....
....
....
....
....
....
....
....
....

Le fait de douter de ses capacités à réussir est un frein majeur à l'activation de la loi de l'Attraction.

Ainsi pour que la loi de l'Attraction fonctionne pleinement il importe d'être bienveillant envers soi-même en faisant preuve d'autocompassion.

Cela consiste à éviter de s'auto-flageller lorsque l'on n'a pas réussi quelque chose du premier coup ou d'éviter de ressasser le passé en se sous estimant.

L'autocompassion possède des vertus apaisantes et stimulantes qui permettent à l'individu de continuer à croire en lui. L'autocompassion évite la perte de confiance en soi.

Exercice :

Ecrire le texte suivant en l'adaptant à votre propre situation :

« J'ai fait de mon mieux et même si je n'ai pas atteint le but escompté je suis reconnaissante pour avoir acquis de nouvelles connaissances/relations…Cette expérience a été bénéfique pour moi. Je ferai mieux la prochaine fois car j'ai appris de nouvelles façons de faire/penser... ».

....

....

....

....

....

....

....

....

....

....

....

....

....

....

....

....

....

....

....

....

....

....

Les personnes rancunières gardent une colère ancrée au plus profond d'elles-mêmes. Cette colère est une énergie destructrice qui bloque la capacité à générer l'énergie créatrice nécessaire à l'activation de la loi de l'Attraction.

Ainsi quiconque souhaite faire fonctionner la loi de l'Attraction devra pardonner à ceux qui ont un jour pu l'offenser.

Sans pardon point de libération énergétique possible. Le pardon doit être authentique et sincère pas uniquement de façade.

Il ne s'agit pas de recréer du lien avec une personne que vous ne souhaitez peut-être plus voir mais de vous libérer de l'énergie négative que vous entretenez à cause de cette personne.

Exercice :

1-Je rédige une lettre sur une feuille de papier dans laquelle j'énonce mon intention de pardonner à la personne qui m'a blessé(é). Je me munis d'un fil et d'une paire de ciseaux.

« Je souhaite trouver la force de pardonner à
......pour le préjudice/le mal/les souffrances que
j'ai subies. Même si je n'oublierai jamais ce qu'il
s'est passé, je trouve la force d'aller de l'avant en
pardonnant. Par cette lettre je souhaite que les
éléments du passé appartiennent au passé.

Que le lien toxique qui m'unit encore à cette
personne créant en moi de la rancœur soit détruit
une fois pour toute ».

2-Je coupe le fil à l'aide de la paire de ciseaux
avant de brûler la lettre. Je choisis de le faire
pendant un moment de calme si possible dans un
endroit verdoyant près d'une rivière ou en bord de
mer.

3-Je verse les cendres dans l'eau.

....

....

....

....

....

....

....

....

....

....

Le processus qui permet à la loi de l'Attraction de s'activer est le résultat d'une multitude d'étapes qui se suivent étant réalisées l'une après l'autre.

La loi de l'Attraction fonctionne lorsque les étapes ne sont pas brûlées (identification du but, visualisation du succès, projection dans la vie réussie, acquisition de nouveaux savoirs, changement des comportements envers soi et envers les autres).

Il n'existe pas de petites étapes pour activer la loi de l'Attraction car chacune d'elle joue un rôle majeur à son activation.

Si pour atteindre votre but de créer une entreprise à succès une étude de marché s'impose alors vous devrez prendre le temps de la réaliser.

Une bonne organisation est la clé de la réussite.

Exercice :

1-J'identifie et je nomme les étapes que je dois franchir pour atteindre mon but.

2-Je prépare un plan d'action en fixant une tâche à réaliser chaque jour pour éviter d'être découragé ou paniqué par l'ampleur du travail à effectuer.

....

....

....

....

....

....

....

....

....

....

....

....

....

....

....

....

....

....

....

....

....

....

En apprenant à connaitre vos forces et vos faiblesses, ce qui vous motive ou au contraire ce qui a tendance à décourager, vous apprendrez à cultiver et faire grandir ce qu'il y a de positif en vous.

C'est en vous focalisant sur ce qui fait votre force que vous mobiliserez votre énergie créatrice.

Il est important de connaitre ce que l'on sait bien faire de manière naturelle sans parfois toujours en avoir conscience pour mobiliser son énergie positive.

L'activation de la loi de l'Attraction réside dans la capacité à utiliser ce qu'il y a de fort et de bon en nous et à le renforcer pour que ces forces grandissent encore plus.

Exercice :

-J'identifie 5 choses que je fais facilement au quotidien (convaincre un client, mettre une personne à l'aise en discutant, apaiser le stress des membres de son entourage, trouver les qualités des autres, gérer plusieurs tâches à la fois...).

-J'identifie 5 faiblesses (difficulté à communiquer lorsque quelque chose me dérange, tempérament colérique, rancunier...).

-A quelles occasions ai-je utilisé ces forces dans les six derniers mois ?

-A quelles occasions ai-je souffert de mes faiblesses dans les six derniers mois ?

-Grâce ou à cause de quelqu'un en particulier ? Qui est cette personne ? Quel rôle joue-t-elle dans votre vie ?

....
....
....
....
....
....
....
....
....
....
....
....
....
....

Si vous bloquez sur un problème auquel vous ne parvenez pas à trouver une solution, il faut persévérer.

Tout problème non résolu est une entrave à l'activation de la loi de l'Attraction.

Il faut apprendre à votre esprit à penser différemment, à trouver de nouvelles approches.

Chaque problème dispose d'une solution que vous n'avez tout simplement pas encore identifié.

Exercice :

-Décrire la nature du problème :

-Décrire les solutions passées envisagées. Pourquoi ne conviennent-elles pas ?

-Quelles sont les solutions trouvées par des personnes qui nourrissent le même type d'objectif que vous (un concurrent, une personne que vous admirez) ? Comment ces personnes ont-elles réagi ? Comment se sont-elles adaptées ? Quelle a été leur stratégie ?

Pourquoi avoir peur d'être ambitieux en ayant de grands buts dans la vie ?

Ce n'est pas parce que la majeure partie des gens ne souhaitent pas faire preuve d'ambition que vous devez vous calquer sur un modèle à pensée unique.

Avoir de l'ambition en ayant de grands rêves permet de trouver l'énergie créatrice en soi que l'on mobilisera pour activer la loi de l'Attraction.

Plus vous oserez rêver votre vie en mieux plus vous parviendrez à vous organiser et à agir de façon à atteindre ce but.

Exercice :

1-Si vous êtes ambitieux vous n'avez pas à en avoir honte. C'est au contraire un état d'esprit à cultiver et encourager. Noter la nature de votre ambition, ce qu'elle vous apporte de bien au quotidien (énergie positive, courage, fierté…). Lisez fièrement votre texte à voix haute face à un miroir.

2-Si vous vous considérez comme pas ou peu ambitieux, apprenez à le devenir en notant les objectifs que vous nourrissez à demi-mots parfois secrètement sur une feuille de papier. Face à un miroir, lisez votre texte à voix haute. Le but est de vous faire comprendre qu'un objectif bien défini est une ambition de réussite.

....

....

....

....

....

....

....

....

....

....

....

....

....

....

....

....

....

....

....

Une erreur fréquente qui bloque l'Activation de la loi de l'Attraction est de se comparer aux autres.

Si l'on se compare aux autres soit on trouve que l'on fait moins bien, que l'on a moins de valeur que les autres ou alors on se considère supérieur, mieux qu'eux.

Dans un cas comme dans l'autre se comparer aux autres individus n'est pas sain. Si s'inspirer des autres a des vertus, envier leurs succès a en revanche un effet dévastateur sur l'énergie créatrice.

Exercice :

-Si j'ai l'habitude de me comparer aux autres personnes en utilisant les réseaux sociaux pour épier leurs réalisations dans le but unique de les envier ou de les juger, j'en prends conscience. Chaque fois que l'envie m'en prend de les surveiller, j'en prends conscience et je m'abstiens en me rappelant que cela est néfaste pour moi.

-Je note dans un cahier ou agenda mes actions positives, mes réalisations.

Qu'ai-je fait cette semaine pour me permettre d'avancer dans mon projet et d'atteindre mon objectif ?

....

....

....

....

....

....

....

....

....

....

....

....

....

....

....

....

....

....

....

....

La loi de l'Attraction peut s'activer lorsque l'esprit peut s'ouvrir à de la nouveauté.

Que ce soit par l'exercice d'une activité artistique, un nouveau sport, de nouveaux lieux de sorties, il est important de faire de nouvelles activités.

Celles-ci permettront de stimuler la créativité de votre cerveau et vous libérer des blocages que vous pouvez rencontrer. En vous appliquant à essayer des choses nouvelles vous vous ouvrirez à de nouveaux chemins de pensée ce qui vous aidera à trouver de nouvelles solutions.

Exercice :

-Lorsque mon emploi du temps le permet je choisis une nouvelle activité encore jamais réalisée (apprendre à jouer d'un instrument de musique, un nouveau sport, des cours de cuisine...).

-Activité choisie :

Quelles sont les sensations ressenties pendant l'activité puis dans les jours qui ont suivi (créativité, bienêtre, optimisme, confiance en soi...) ?

En plus de favoriser une meilleure santé (meilleure circulation artérielle, meilleure hygiène de vie) l'optimisme permet de mobiliser une forte énergie créatrice capable de faire avancer votre projet de manière significative et concrète.

Être optimiste c'est considérer que la vie peut vous apporter toujours ce qu'il y a de mieux, pas de pire. Il faut prendre l'habitude de toujours attendre le meilleur. Cela vous permettra d'agir de manière inconsciente pour prendre les meilleures décisions, vous entourer des bonnes personnes capables de vous aider.

Une personne optimiste croit en son bonheur futur sans peur de l'échec et agit au quotidien pour son succès.

L'optimisme est un levier important de l'activation de la loi de l'Attraction.

Exercice :

-Quelle sont les raisons pour lesquelles je crois que mon projet va réussir ?

-Si je traverse un cycle de doute je visualise un panneau de sens interdit mentalement pour bloquer le processus négatif de pensée qui mène au pessimisme.

....
....
....
....
....
....
....
....
....
....
....
....
....
....
....
....
....
....
....
....
....

Une personne est dite résiliente lorsqu'au lieu de nier les événements ou de se laisser sombrer dans la tristesse et la dépression à cause d'eux, elle parvient à y faire face, à ressortir plus forte de ces expériences. Une personne résiliente reste confiante en la vie croit qu'il arrive.

Les personnes résilientes ne cherchent pas à lutter contre les événements incontrôlables mais elles les acceptent comme un tout faisant partie de leur existence.

Au lieu de combattre les événements, elles les utilisent comme un élément de leur environnement de façon à identifier une nouvelle direction dans leur existence.

Exercice :

-Je note les imprévus qui ont causé des retards, des annulations, des déceptions dans ma vie dans les 6 derniers mois.

-Je décris le sentiment ressenti dans un premier temps (impuissance, colère, déception, frustration…) puis le sentiment que j'éprouve aujourd'hui lorsque j'y repense :

-J'apprends à être flexible face au changement.

1--Si un imprévu se présente, je l'accepte. Si la situation peut être résolue je travaille sur la résolution de mon obstacle avec optimisme.

2-Si je ne peux rien y faire (une annulation de commande, un refus administratif…) je réfléchis à de nouvelles solutions avec optimisme.

Dans tous les cas, si cela me libère du temps dans mon emploi du temps, je le mets à profit pour réfléchir à d'autres aspects de mon projet.

....

....

....

....

....

....

....

....

....

Avant que l'éducation ne vienne changer peu à peu l'âme des enfants pour qu'ils puissent devenir des êtres dits sociables, les enfants font preuve d'enthousiasme, de spontanéité. Leur confiance dans la vie est intense car ils vivent tout au moment présent sans crainte du lendemain.

En grandissant les jugements des parents et des professeurs détruisent peu à peu cet enthousiasme naturel qui s'éteint.

En vous remémorant toutes les activités que vous aimiez faire durant votre enfance, vous vous reconnecterez à votre âme d'enfant et donc à cette forte énergie créatrice qui permet de faire aboutir des projets.

Exercice :

-Je note 5 activités que j'aimais lorsque j'étais enfant (sauter dans des flaques d'eau, ramasser et observer les escargots, faire des crêpes, construire une cabane, se déguiser…) :

-Quelles émotions ces souvenirs réveillent en moi ?

-Quelle activité pourrais-je faire aujourd'hui qui me procurerait le même type de sensations ?

....
....
....
....
....
....
....
....
....
....
....
....
....
....
....
....
....
....
....

Se laisser aller à la rêverie est un excellent moyen de nourrir une énergie essentielle à l'activation de la loi de l'Attraction qui est l'espoir.

Rêver de ses objectifs, de ces projets est excellent pour mobiliser son énergie créatrice source d'initiatives et d'actions qui mèneront à la réalisation de la vision que vous avez en tête de votre succès.

Exercice :

-Effectuer une sortie en pleine nature ou en bord de mer sans source de distraction (ni téléphone, ni montre...).

-Au fur et à mesure de votre promenade, laissez votre esprit vagabonder là où il le souhaite que ce soit sur un arbre, un bruit d'oiseau...ou sur votre projet. Laissez le bien être que ces sensations diffusent en vous agir.

Quelque soit la nature de votre projet, vous avez une idée de la personne que vous souhaiterez être lorsque votre projet se manifestera.

Plus vous identifierez dans le moindre détail les caractéristiques de la personne que vous serez une fois votre objectif atteint, plus vous réussirez à entrer dans ce rôle dès à présent.

Si cette personne soigne son apparence car elle est au contact régulier de clients, vous vous efforcerez d'adopter les mêmes caractéristiques physiques et vestimentaires que votre personnage, votre moi idéal ayant réussi à atteindre ses objectifs.

Exercice :

-Comment parle cette personne (niveau de langage, expressions couramment utilisées, élocution, accent…) ? Chaque détail compte. Décrivez la façon dont cette personne s'exprime en détail.

-Comment s'habille cette personne (au travail, à la maison, pour sortir le week end, pour faire du sport ?

-Que mange cette personne ?

-Quels sont ses loisirs ?

-Quelles sont les causes qui lui tiennent à cœur ?

....

....

....

....

....

....

....

....

....

....

....

....

....

....

....

....

....

....

Le fait de s'exprimer à l'oral ou à l'écrit en utilisant des formes négatives conduit l'esprit à se conditionner à l'échec en renforçant le doute.

Lorsque vous travaillez sur l'accomplissement d'une tâche qui demande beaucoup d'énergie, il est primordial de ne pas se rendre la tâche plus difficile.

Parler à l'affirmatif au lieu du négatif vous permettra de garder l'énergie dont vous avez besoin.

Exercice :

-Je repère les fois où j'emploie des formules négatives pour en prendre conscience et parvenir à les reformuler :

Exemple :

- formule négative « je n'ai pas réussi à terminer mon travail à temps » / formule positive : « J'ai réussi à terminer cette partie du projet. Il me rester à finaliser la dernière partie ».

-formule négative « Je n'ai plus de travail depuis 6 moins et je ne sais pas comment faire pour en trouver un autre rapidement » / formule positive « Je suis en train de réfléchir à de nouvelles opportunités professionnelles ».

....
....
....
....
....
....
....
....
....
....
....
....
....
....
....
....
....
....
....

Si vous sentez une idée grandir dans votre esprit mais que vous ne parvenez pas encore à maîtriser tous les aspects de votre sujet, il faut accepter de la laisser germer sans vous mettre la pression.

Une bonne idée peut être apparentée à un rêve. Plus on essaye de se souvenir de son rêve moins celui-ci est clair.

Exercice :

-Noter les idées relatives à votre projet dans un carnet de notes.

Une bonne idée même inachevée doit être notée dans un carnet que vous devez garder constamment sur vous. Il est également conseillé de garder ce carnet près de votre lit. Il se peut que votre esprit identifie de nouvelles solutions la nuit en dormant.

C'est l'addition de vos découvertes, de vos réflexions, de vos notes personnelles qui permettront de mettre tous les éléments du puzzle en place.

Si vous éprouvez des difficultés à vous projeter dans l'avenir, vous pouvez commencer par effectuer le bilan de vos réussites dans le passé et dans le présent.

Il n'y a pas de petites réussites. Une réussite est la conséquence d'actions menées grâce à votre énergie créatrice. En faisant le bilan de ce qui a fonctionné vous pouvez réfléchir à la manière dont vous pouvez dupliquer ce schéma dans votre future.

Exercice :

-Qu'est ce qui a permis ces réussites dans le passé ou dans le présent ?

-Comment les réitérer ou les faire grandir davantage dans le futur ?

....
....
....
....
....
....

34-Demander à votre inconscient de trouver de nouvelles idées

La nuit porte conseil. Pour identifier des idées, de nouvelles solutions il faut s'adresser chaque soir à son inconscient avant de s'endormir et lui demander d'apporter idées et solutions nouvelles.

Le pouvoir des révélations pendant le sommeil est intense. Les connexions neuronales se mettent en action pour interagir entre elles. Des idées et solutions auxquelles vous n'auriez pas pensé peuvent en surgir au réveil. Il est important de disposer d'un carnet pour noter ces nouvelles idées qui peuvent jaillir telles des éclairs de lucidité mais qui peuvent vite être oubliées.

Exercice :

-Chaque soir avant de vous endormir, fermez vos yeux et respirez profondément en sentant peu à peu un sentiment de détente se diffuser dans l'ensemble de votre corps (la tête, le dos, les bras, les jambes, les pieds) puis demandez à votre inconscient de vous aider à trouver de nouvelles solutions ou idées.

-Quelles sont les questions posées à mon inconscient ?

-Quelles nouvelles idées ai-je trouvées dans les jours ou semaines qui ont suivi ?

....

....

....

....

....

....

....

....

....

....

....

....

....

....

....

....

....

....

....

Le fait de partager votre rêve en en parlant à une personne qui est proche de vous (un conjoint, un ami, un membre de votre famille) vous permettra de donner vie à vos idées.

En parlant de votre rêve vous parviendrez également à le mettre en valeur sous son meilleur jour. Vous apprendrez à en connaitre encore plus sur vos motivations, sur vos souhaits, sur les enjeux.

Exercice :

Rédiger un texte d'une dizaine de ligne dans lequel vous vous adressez à une personne qui vous est chère pour lui expliquer votre rêve.

(En quoi consiste-t-il ? Pourquoi cela vous est-il venu l'envie d'avoir ce rêve ? Quelles sont les étapes que vous avez déjà franchies pour le réaliser ? Quelles sont les étapes restantes ?).

....

....

....

....

Prenons l'exemple d'une pomme que l'on observe. Pour cela, on la prend dans ses mains pour apprécier son poids, la douceur de sa peau, sa couleur, son odeur, son volume, sa fraîcheur...Est-ce que son apparence est appétissante vous donnant envie de croquer dedans ou au contraire est-elle fripée ou gâtée ?

Exercice :

Considérez votre projet comme un objet que vous avez à analyser. Pensez-y sous tous les angles en vous posant une multitude de questions à son sujet :

-Quels sont les questions importantes qui entourent mon projet ?

-Quelle est le climat économique qui l'entoure ?

-Mon projet peut il marcher partout ou est-ce qu'un endroit spécifique augmenterait les chances de réussite ?

-Quels sont les obstacles à surmonter avant de pouvoir le réaliser ?

-Quels sont les outils qui me permettraient d'être plus performant pour le réaliser ? (Des compétences, du matériel...).

....
....
....
....
....
....
....
....
....
....
....
....
....
....
....
....
....
....
....
....
....
...

Sans entrer dans une multitude de détails, le fait de réaliser un bilan de votre parcours à la manière d'une autobiographie vous permettra de tracer les grandes lignes de votre vie.

Cela vous aidera à mettre en avant ce que vous avez réalisé et de prendre pleinement conscience de votre potentiel.

Exercice :

Rédiger votre autobiographie en 10-20 lignes.

Exemple : Né le 18 août 1962 Michèle a commencé le métier de coiffeuse à l'âge de 16 ans. Ni bonne ni mauvaise à l'école ce sont ses parents qui ont choisi sa formation et le métier qu'elle devrait exercer. Aujourd'hui Michèle se rend compte que cette voie n'est pas faite pour elle et que ce qu'elle aurait aimé c'est être éducatrice canin. Après une longue période de réflexion, elle a pris la décision de changer de voie pour accomplir son rêve. Elle vient d'entamer une formation qualifiante qui lui permettra d'exercer le métier dont elle a toujours rêvé. Elle a pour projet d'ouvrir sa propre école de dressage dès qu'elle le pourra.

....

....

....

....

....

....

....

....

....

....

....

....

....

....

....

....

....

....

....

....

....

....

Notre pire ennemi est parfois nous-même. Juge et critique nous pouvons parfois inhiber nos capacités à réussir car nous sommes bien trop rudes envers nous-mêmes.

Il faut apprendre à s'accepter et à s'aimer tel que l'on est avec ses qualités et ses faiblesses.

Exercice :

-Citez 5 qualités que vous possédez (gentillesse, patience, esprit d'équipe, capacité à travailler seul...)

-Placez vous devant un miroir, souriez et faites la paix avec vous-même.

Exemple :

« J'ai toujours manqué de confiance en moi et j'ai toujours eu peur du regard critique des autres. Je décide aujourd'hui de changer et d'enfin m'apprécier pour ce que je suis. Je possède les qualités suivantes (les citer). Elles sont importantes à mes yeux car elles définissent le meilleur de ce que j'ai à offrir. Je me pardonne pour avoir été si rude envers moi-même dans le passé et je regarder à présent vers l'avenir en me focalisant uniquement sur ce que j'ai de positif à offrir. »

....

....

....

....

....

....

....

....

....

....

....

....

....

....

....

....

....

....

....

....

Si vous vous retrouvez dans une impasse sans solution à un problème, vous risquez de bloquer votre énergie créatrice.

Afin de laisser le temps à votre esprit de trouver une solution ou de laisser le temps à certains acteurs de vous apporter leur aide, utilisez votre temps et votre énergie pour l'accomplissement d'une tâche que vous pouvez contrôler.

Exercice :

-Etablir une liste des tâches à effectuer pour mener votre projet à terme. Si une de ces tâches rencontre un retard, passez à la réalisation d'une autre tâche que vous pourrez accomplir avec succès. Au lieu de générer de l'énervement et de l'énergie négative vous mettrez à profit votre énergie créatrice pour la réalisation d'une autre tâche.

....
....
....
....

En apprenant à connaître vos limites vous apprendrez à vous ménager et à conserver votre énergie créatrice pour vos réalisations.

Vous devez pour cela vous rendre compte de ce qui vous fait perdre du temps ou vous apporte une fatigue inutile.

Peut-être êtes vous trop disponible pour aider vos proches, vos amis ?

Il peut être utile de prendre conscience de votre difficulté à dire non pour réaliser que vous offrez trop de votre énergie aux autres. La loi de l'Attraction fonctionne lorsque l'on utilise son énergie créatrice pour soi pas pour seulement plaire aux autres. Sans être égoïste, vous réaliserez que d'identifier et poser vos limites vous rendra plus fort.

Vous apprendrez à libérer plus de temps au lieu de résoudre constamment les problèmes des autres.

Exercice :

-Notez toutes les fois où vous dites « oui » à quelqu'un alors que votre esprit pense « non ».

-Pourquoi avez-vous accepté ? (Peur de décevoir, peur de ne plus être aimé...)

-Comment auriez-vous pu tirer avantage du temps utilisé à aider ces personnes ?

....
....
....
....
....
....
....
....
....
....
....
....
....
....
....
....
....
....
....
....
....

L'activation de la loi de l'Attraction passe par la prise de conscience que toute expérience est utile y compris les échecs.

Même si un projet a échoué par le passé, il est porteur d'une énergie qui peut être transformée en énergie positive qui aidera à concrétiser un nouveau projet.

Il ne sert à rien de ressasser les échecs du passé en se lamentant sur ses défauts ou son manque de chance.

Un succès est le fruit d'une somme d'expériences du passé qu'elles aient été positives ou négatives.

Exercice :

-Je change mon état d'esprit par rapport à mes échecs passés.

-Quels les échecs qui m'ont marqué ? Pourquoi ?

-Quel enseignement est-ce que je peux en tirer ? Qu'ai-je appris malgré l'échec (nouvelles compétences…) ?

L'activation de la loi de l'Attraction passe par des fondations mentales solides.

La meilleure manière de renforcer vos fondations intérieures est de réfléchir aux valeurs qui vous animent. Les valeurs qui nous guident au quotidien contribuent à animer notre énergie créatrice et à l'entretenir.

En écoutant ce qui compte, ce qui est important pour vous, les mécanismes de la loi de l'Attraction vont peu à peu se débloquer. Vous parviendrez à exceller en allant dans le sens de ce qui est naturellement bon en vous.

En prenant pleinement conscience de ces valeurs vous réaliserez que de nouvelles idées se développeront naturellement dans votre esprit.

Exercice :

-J'écoute ce qui compte pour réfléchir aux grands principes qui me guident (respect, équité, réciprocité, solidarité, écoute, bienveillance, empathie, considération...).

-Qu'est ce qui me révolte ou contraire me remplit de joie ? Est-ce qu'il y a une situation en particulier qui fait résonner des émotions en moi ?

....

....

....

....

....

....

....

....

....

....

....

....

....

....

....

....

....

....

....

....

....

....

La loi de l'Attraction qui permet d'atteindre le succès par la réalisation de ses objectifs est comparable à une énorme machine très gourmande en énergie.

Il n'est pas possible d'en faire le plein en une seule fois. Cette machine demande à être mise en route, chauffée puis entretenue par un carburant régulier.

La meilleure façon de fournir un carburant régulier au fonctionnement de la loi de l'Attraction est de se fixer des objectifs intermédiaires.

Dans votre grand voyage pour atteindre la réussite et le succès vous devez vous fixer une série d'objectifs intermédiaires qui vous guideront un peu plus chaque fois vers votre objectif de long terme.

Exercice :

-Je note mon objectif de long terme sur une feuille puis j'identifie une série d'objectifs intermédiaires que je peux réaliser peu à peu.

Exemple :

Mon objectif final est de réaliser de rénover une vieille maison pour en faire des chambres d'hôte.

Je note toutes les étapes nécessaires à la réalisation de ce projet (planification de toutes les étapes de la rénovation, prise de photos attrayantes mettant le bien en valeur, rédaction d'un texte présentant les qualités de l'hébergement et l'intérêt touristique de la région, choix d'un annonceur pour diffuser l'annonce de location, création de son propre site internet...).

....

....

....

....

....

....

....

....

....

....

....

....

....

....

....

La loi de l'Attraction nécessite une énergie continue pour s'activer et rester active.

Pour cela, il importe de connaitre l'objectif final que l'on souhaite atteindre et de ne jamais le perdre de vue.

Cela implique une grande rigueur mentale et une force de persévérance importante.

Le long terme implique votre objectif de vie voire même les aspects transgénérationnels que cela implique pour que vos réalisations traversent le temps.

Il faut se projeter dans le long terme y compris après sa disparition de la vie terrestre.

Exercice :

-Quelques sont les énergies qui perdureront après que j'ai atteint mon objectif de long terme ?

Exemple :

Mon objectif est de vivre dans une superbe demeure qui constituera mon activité professionnelle pour apporter joie et stabilité à ma famille. Je souhaite y travailler tout en voyant grandir mes enfants qui recevront le fruit de mon travail en héritage.

....
....
....
....
....
....
....
....
....
....
....
....
....
....
....
....
....
....
....
....
....
....
....

Certaines personnes sont dotées d'une énergie positive qui fait du bien. Il suffit d'une conversation avec ces personnes pour se sentir redynamisé et optimiste.

En s'entourant de ce type de personnes votre esprit apprendra à fonctionner de la même façon qu'elles. Être au contact d'une personne positive et optimiste permet de développer des qualités similaires.

Exercice :

-Identifier les personnes qui vous font du bien (amis, membre de la famille, collègue...) et passer du temps avec elles.

-Identifier une célébrité que vous appréciez pour ses actions et s'inspirer d'elle.

....
....
....
....
....
....

Si l'énergie positive fait du bien, l'énergie toxique de certaines personnes peut avoir un effet tout aussi dévastateur jouant comme un mauvais sort sur notre capacité à réussir.

Il est plus facile de rechercher la présence de personnes positives que de se débarrasser des influences négatives qui nous entourent car nous vivons parfois avec au quotidien.

Si nous vivons entourés de personnes trop pessimistes ou critiques que ce soit en famille, avec les amis ou dans le cercle professionnel notre énergie créatrice est étouffée.

Nous ne pouvons pas toujours couper les ponts avec ces personnes pour diverses raisons.

Cependant nous avons le pouvoir de prendre conscience de leur influence et nous pouvons apprendre à neutraliser les effets toxiques de leur énergie négative sur nos vies.

Il suffit pour cela de prendre conscience des effets dévastateurs que ces personnes ont pu avoir et réaliser que vos projets vous appartiennent. Les jugements d'autrui ne doivent tout simplement pas influencer vos choix et vos projets.

Exercice :

-Quelles sont les personnes possédant une influence toxique sur mon énergie créatrice ? (Un conjoint toujours hostile aux nouveaux projets, un collègue médisant...).

-A quelles occasions ai-je ressenti l'influence négative de ces personnes sur ma vie, sur mes choix, mes projets ?

-Quel a été l'impact de cette influence ? (Annulation de projet, découragement...)

-Rédiger un texte de quelques lignes pour vous libérer du poison émotionnel que vous avez reçu.

« Je me rends compte de l'impact de tel individu dans ma vie. Cela ne se reproduira plus. Je prends aujourd'hui la décision de mener mes projets à bien pour mon propre bonheur. Chaque individu est l'auteur de se propre vie et de ses succès. Je construis chaque jour mon propre chemin vers le succès. Personne n'a le droit de m'empêcher de mener à bien ce projet. J'y parviendrai même sans leur consentement. Je leur ôte par ces mots tout pouvoir de nuisance passé, présent ou futur. »

....

....

....

....

....

....

....

....

....

....

....

....

....

....

....

....

....

....

....

....

....

....

....

Si la loi de l'Attraction se renforce au contact de personnes positives, elle s'emballe encore plus lorsque vous devenez vous-même une personne positive utile aux autres, pourvoyeuse de bonheur et de bienveillance.

Plus vous travaillerez à faire rayonner la joie qui émane de vous, plus vous atteindrez le succès.

L'énergie créatrice se renforce naturellement en prenant l'habitude dans les moindres détails du quotidien de transmettre quelque chose de bien aux autres.

Exercice :

-Sourire aux personnes que vous croisez sur votre chemin avec l'intention d'apporter quelque chose de positif à leur quotidien (sourire à une personne âgée et échanger quelques mots qui lui apporteront réconfort et le sentiment d'être considéré). Quelques mots simples peuvent changer la vie d'une personne.

-Quelles sont vos actions positives de la journée ?

-Quels changements ressentez-vous ? (Joie, utilité...)

-Au bout d'un mois vous sentez-vous plus créatif ? Vos idées sont-elles plus claires ?

....

....

....

....

....

....

....

....

....

....

....

....

....

....

....

....

....

....

....

....

....

Les personnes qui réussissent sont une source d'inspiration à suivre car elles sont en mesure de transmettre les clés de leur succès.

En vous entourant de personnes qui réussissent leurs projets vous parviendrez plus facilement à réaliser les vôtres.

 De simples discussions avec des personnes qui réussissent leurs projets vous apporteront des informations, des détails auxquels vous n'auriez peut-être pas pensé si vous ne les aviez pas rencontrés. S'entourer de personnes qui réussissent c'est s'offrir la chance de connaitre leur perception d'une situation.

Exercice :

-Je m'inscris dans une activité, un club, un réseau professionnel en lien avec mon projet pour entrer en contact avec des personnes qui réussissent. Je prépare une série de questions à leur poser à propos de leur parcours.

-Quel est leur parcours ? (Formation, expérience professionnelle...)

-Quelles sont les difficultés/challenges qu'elles sont rencontrées ?

-Ont-elles adopté une stratégie particulière ?

....
....
....
....
....
....
....
....
....
....
....
....
....
....
....
....
....
....
....
....
....
....

Que ce soit dans votre voiture, sur votre table de chevet, sur votre réfrigérateur, la porte de votre salle de bain, la présence de messages inspirants dans votre quotidien s'inscrira au plus profond de votre inconscient.

Sans même vous en rendre compte, ces messages que vous lirez deviendront des modes de pensée automatiques. Vous retravaillerez votre plasticité cérébrale vous permettant ainsi d'activer la loi de l'Attraction et le succès.

Exercice :

-Choisir plusieurs messages inspirants et les noter sur de petits morceaux de papiers. Disposez les dans différents endroits et différents supports que vous utilisez chaque jour.

Exemple :

« Le bonheur c'est comme tout : ça s'apprend. »

« Le succès est obtenu par ceux qui essaient et continuent d'essayer »

« Le succès est la somme d'efforts disciplinés et la satisfaction différée de ses désirs. »

« Le succès est la conséquence d'efforts quotidiens sur une longue période »

« Pour réussir il faut faire de ses échecs une étape vers la réussite ».

....
....
....
....
....
....
....
....
....
....
....
....
....
....
....
....
....
....

....
....
....
....
....
....
....
....
....
....
....
....
....
....
....
....
....
....
....
....
....
....
....
....
....

Le succès est le but ultime de la loi de l'Attraction mais il faut se rappeler que le bonheur passe aussi par l'accomplissement de chaque tâche au quotidien.

Quoi de plus beau que d'atteindre les objectifs que l'on s'est fixés en ayant savouré chacune de ces étapes ?

Le succès réside aussi dans le plaisir que fournit l'énergie créatrice que l'on ressent au quotidien par l'exercice de ses tâches en pleine conscience.

Plus on ressent du plaisir et de la joie dans ses actions, plus celles-ci ont une chance de marcher.

Il faut savoir prendre le temps de savourer au quotidien chaque étape de son projet. Même les jours où vous n'avez que très peu de temps à y consacrer, il faut apprécier chacune des minutes que vous y consacrez.

Exercice :

-Je prends le temps d'apprécier la lecture d'un article, l'acquisition de nouvelles connaissances. Quels sont les sensations ressenties (joie…) ?

-Je savoure le sentiment de plénitude ressenti par le temps que je passe à me concentrer sur mon projet. Quelles sont les sensations ressenties (paix intérieure, sentiment d'être sur la bonne voie...) ?

....

....

....

....

....

....

....

....

....

....

....

....

....

....

....

....

....

....

....

....